LE BALLET DES SENS,

REPRÉSENTÉ POUR LA PREMIERE FOIS

Le cinquiéme jour de Juin 1732.

PAR L'ACADEMIE ROYALE

DE MUSIQUE;

Remis au Théatre le 17. May 1740.

DE L'IMPRIMERIE

De JEAN-BAPTISTE-CHRISTOPHE BALLARD,
Seul Imprimeur du Roy, et de l'Académie Royale de Musique.
A Paris, au MONT-PARNASSE, Ruë S.-Jean-de-Beauvais.

M. DCCXL.

AVEC PRIVILEGE DU ROY.

LE PRIX EST DE XXX. SOLS.

AVERTISSEMENT.

ON ne joüe que trois Entrées, des cinq qui com-
posent ce Ballet. Elles paroîtront toutes suc-
cessivement. Il a fallu s'accommoder à la Saison, &
racourcir un Ouvrage, qui eût été de juste mesure
pour des Représentations d'Hyver.

LA premiere Entrée *Caracterise* L'ODORAT.
La deuxiéme   LE TOUCHER.
La troisiéme   LA VUE.
La quatriéme   L'OUIE.
La cinquiéme & derniere   LE GOUT.
Le Prologue   L'ASSEMBLE'E DES DIEUX.

Acteurs & Actrices Chantants dans tous les Chœurs de ce Ballet.

CÔTE' DU ROY.		CÔTE' DE LA REINE.	
Mesdemoiselles	*Messieurs*	*Mesdemoiselles*	*Messieurs*
Dun,	Marcelet,	Antier-C.,	De Serre,
Delorge,	St. Martin,	Thetelette,	Gratin,
Varquin,	Lemesle,		Deshais,
	Pequet,		François,
La Fontaine,	Fel,	Lavalée,	Rimbault,
Bodot,	Houbault,		Levasseur,
	Bourque,	Cartou,	Treizeville,
Dallemand-C.,	Bornet,		Buseau,
Larcher,	Gallard,	Deshaigles,	Duplessis,
	Duchenet,		
Jaquet.	Vergne.	Coupée.	Chevry.

PROLOGUE.

ACTEURS CHANTANTS.

JUPITER,	M^r Le Page.
VENUS,	Mlle Jullye.
MERCURE,	Mr Berard.

CHOEUR DES DIEUX.

ACTEURS DANSANTS.

JEUX ET PLAISIRS;

Monfieur Matignon;

Meffieurs Savar, La Croix, Bontems, Theffier;

Mademoifelle Le Breton;

Mefdemoifelles Fremicourt, Erny, Thiery, Saint-Germain.

APROBATION.

J'Ay lû par Ordre de Monfeigneur le Chancelier, *Le Ballet des Sens,* que l'on va remettre au Théatre, & je crois, qu'il y fera autant de plaifir, qu'il y en a fait dans fa nouveauté. A Paris, ce 8. May mil fept cent quarante. La Serre.

Le Privilege eft le même qu'aux derniers Opera.

PROLOGUE.

Le Théatre représente l'Assemblée des Dieux,
JUPITER est sur son Trône, MERCURE &
VENUS paroissent à ses pieds ; sur les Aîles, sont
les Divinitez dont les Attributs & les Emplois fra-
pent chacun des Sens : ZEPHIRE tient un Vase
de Parfums, APOLLON sa Lyre, BACCHUS la
Coupe, dont il verse le Nectar ; l'AMOUR armé
de son Carquois, en présente les Fléches aux Graces ;
IRIS est sur son Arc orné de diverses couleurs.

CHOEUR DES DIEUX.

Upiter, exaucez les Mortels gemissans ;
C'est peu que le travail, ou l'ennuy les ac-
cable ;
Pour désarmer la Parque inexorable,
Tous leurs vœux sont impuissans.

VENUS.

Ton bras soûtient contre l'effort des ans
Les Arbres, les Rochers, de ta vaste puissance
Trop insensibles monumens ;
Des Mers & des Forests les divers Habitans
Jouissent de tes dons, mais sans reconnoissance :
Les Humains t'adressent leurs vœux,
Ta gloire chaque jour s'accroît par leur hommage :
Pourquoy ton plus parfait ouvrage
Est-il le moins cher à tes yeux ?

JUPITER.

Ma Fille, du Destin tel est l'ordre suprême.
Si la Parque sur eux n'exerçoit pas ses droits,
Leur orgueil les auroit égalez à nous-même,
Ils m'offrent de l'encens, ils braveroient mes loix.

VENUS, ET MERCURE.

Si des Destins l'ordre est irrévocable,
Laissez-nous aux Humains donner d'heureux secours,
Laissez-nous verser sur leurs jours
Un charme favorable,
Qui les console au moins de leur rapide cours.

VENUS.

Qu'ils ne trouvent que des délices
Dans l'usage de leurs Sens.

JUPITER.

Peut-être ils changeront par d'injustes caprices
Les sources du plaisir en mille affreux tourmens.

Cependant à vos vœux je ne suis plus contraire.

Volez charmants Plaisirs, volez de toutes parts ;
Suivez chez les Mortels la Reine de Cythere ;
     Brillez, enchantez leurs regards,
     Regnez, et que le Dieu des Arts
     Vous embellisse & vous éclaire.

VENUS, ET MERCURE.

Rassemblez-vous, Plaisirs, aimables Enchanteur,
Entrez dans tous les Sens, & penetrez les cœurs.

MERCURE.

     Que Zephire fasse éclore
Les plus riantes couleurs.

VENUS.

Qu'il y joigne encore
Le doux parfum des odeurs.

MERCURE.

Qu'Apollon soûpire
De tendres accords.

VENUS.

Que Bacchus inspire
D'aimables transports.

ENSEMBLE.

Que l'Amour suive nos traces ;
Que la main des Graces
     Aiguise ses traits :
Que l'Amour suive nos traces ;
Que la main des Graces,
A tout ce qu'elle touche, ajoûte des attraits.

CHOEUR.

Mortels, de vos beaux jours songez à faire usage,
Enchaînez vos momens par les Ris & les Jeux :
Entrez en partage
Des plaisirs, que le Sort reservoit pour les Dieux.

VENUS.

Que les soupirs,
Le tribut du bel âge,
Soient le gage
Des plaisirs.
Loin de nous, Rigueurs inhumaines !
Plus de fierté :
La volupté
Releve la Beauté.

Quelles peines
Pour un cœur,
De résister au bonheur,
Que lui promet l'Amour vainqueur !

CHOEUR.

Mortels, de vos beaux jours, &c.

FIN DU PROLOGUE.

L'ODORAT.

SUJET.

LEUCOTOÉ Fille d'ORCHAME, Roy de Babylone, fut aimée du Soleil. Une si belle conquête excita la fatale jalousie de CLYTIE, sa Sœur. La Fable nous apprend que c'est à la Favorite du Dieu du jour, que l'on est redevable de l'encens, qui ne croît que sous le Soleil le plus ardent.

Pour caracteriser l'ODORAT, on a choisi le parfum le plus sensible & le plus considerable par l'honeur qu'il a d'être employé au culte des Dieux.

Ovid. L. 4. Metam. Fab. 5. & 6.

A

ACTEURS CHANTANTS.

LEUCOTOÉ,   Mlle. Fel.

CLYTIE,   Mlle. Eeremans.

LE SOLEIL,   Mr. Jeliot.

ENONE, *Confidente de* CLYTIE, Mlle. Coupée.

DIVINITEZ CELESTES, *de la suite du* SOLEIL.

PEUPLES DE BABILONE.

ACTEURS DANSANTS.

BABILONIENS, BABILONIENNES.

Monsieur Dupré;

Monsieur Javillier - 3., Mademoiselle Le Duc;

Messieurs P-Dumoulin, Dangeville, Matignon, Dumay, Malter-C.;

Mesdemoiselles Fremicourt, Malter, Courcelle, Le Breton, Durocher, Saint-Germain.

L'ODORAT.

Le Théatre représente les Jardins des Rois
de Babilone.

SCENE PREMIERE.
CLYTIE.

Zile des Zéphirs, Jardins délicieux,
Fleurs, que le Dieu du Jour fait naître de ses
feux,
Vous répandez en vain une Odeur vive & pure :
C'est icy que ce Dieu m'avoit donné sa foy ;
Mais le volage, le parjure
Vous embellit pour une autre que moy ;
Vous redoublez encor son crime & mon injure.
Ingrat, tu me jurois de vivre sous ma loy,
Tes sermens n'étoient qu'imposture ;
Helas ! les tourmens que j'endure
Sont le prix de l'amour, dont j'ay brûlé pour toy.

A ij

SCENE II.
CLYTIE, ENONE.
ENONE.

Clytie, ignorez-vous que de vôtre Rivale
Le Soleil va remplir les superbes projets,
Il la rend immortelle, & le Ciel pour jamais
Trompe vôtre haine fatale.

CLYTIE.

Enone, que dis-tu? quel outrage ! grands Dieux !
Quoy ! je verrois mon ennemie
Me braver du haut des Cieux !
Mon Ingrat à sa perfidie,
Ajoûteroit encor ce triomphe odieux !
Prévenons cet affront, seconde ma furie,
Que le fer, le poison en délivrent mes yeux.
Il vient : Elle se croit au comble de ses vœux ;
Mais ce plaisir sera le dernier de sa vie.

SCENE III.
LE SOLEIL, LEUCOTOE'.

LEUCOTOE'.

DEja vous me quittez, aimable Dieu du Jour.

LE SOLEIL.

Belle Leucotoé, votre interest m'appelle
    Dans la celeste Cour,
Le Destin m'a promis de vous rendre immortelle.

A la jeune Psiché l'Amour donna sa foy,
Il plaça dans les Cieux son Epouse nouvelle :
    Etes-vous moins aimable qu'Elle ?
Et pouvoit-il aimer plus tendrement que moy ?

LEUCOTOE'.

Quoy! vous vivrez pour moy, vous par qui tout respire!

LE SOLEIL.

Nous unir à jamais, est le bien où j'aspire.
Non, dans tout l'Univers j'allume moins de feux,
    Que dans mon cœur n'en répandent vos yeux.

Pour les voir plus long-tems ces beaux yeux que j'adore,
    * Je descends plus tard dans les Mers,
    J'éveille plus matin l'Aurore,
    J'abregé les nuits des hyvers.

   * Modo surgis Eoo
Temporius cœlo, modo serius incidis undis
Spectandique morâ brumales porrigis horas.
          Ovid. Met. lib. 4.

LEUCOTOE'.

Dans toute la Nature il n'est rien qui ne sente
L'horreur de vôtre éloignement :
Jugez des langueurs d'une Amante,
Quand elle vous perd un moment.

Dans ces Jardins charmans, si les Ombres descendent,
Et me cachent l'éclat dont vous parez les fleurs ;
Dans le Parfum qu'elles répandent,
Je sens vôtre pouvoir, & goûte vos faveurs.

LE SOLEIL.

Il faut nous affranchir des tourments de l'absence,
Vôtre jalouse Sœur vous tient en sa puissance,
Qu'un moment, loin de vous, me cause de frayeurs !

LEUCOTOE'.

Rassurez-vous, la haine de Clytie
Desormais semble rallentie :
Et je crains son courroux bien moins que sa beauté.

LE SOLEIL.

Quoy ! doutez-vous encore de ma fidelité ?

LEUCOTOE'.

Pardonne, cher Amant, pardonne à ma tendresse,
Je connois tout le prix de ma felicité ;
Mais l'amour de ma Sœur n'a que trop éclaté,
Tu pourois y répondre, & m'échaper sans cesse,
Et son cœur s'en étoit flatté.

LE SOLEIL.

Clytie est vôtre Sœur, & vôtre Souveraine.
Pour vôtre seureté j'adoucissois sa haine ;
Mais les Dieux vont enfin vous ouvrir leur séjour,
Et vous ne craindrez plus une foible Mortelle ;
Je vais marquer au Ciel vôtre place nouvelle.

LEUCOTOE'.

Déja vous me quittez, aimable Dieu du Jour !

LE SOLEIL.

Belle Leucotoé, c'est l'Amour qui m'appelle,
S'il cause mon départ, il presse mon retour.

****

SCENE IV.

LEUCOTOÉ.

Hâte-toy, Dieu brillant, cher maître de mon ame,
Revien, rameine les Plaisirs :
Ruisseaux qui l'écoutiez, parlez-moy de sa flâme ;
Echos, n'avez-vous pas retenu ses soupirs ?

Hâte-toy, Dieu brillant, cher maître de mon ame,
Revien, rameine les Plaisirs :

Et l'Hymen & l'Amour te portent sur leurs aîles,
Je vois briller le flambeau, le Carquois,
Je vole dans ton char, je vole où tu m'appelles,
Le Ciel s'ouvre pour nous, c'est toy seul que j'y vois.

SCENE V.
LEUCOTOE', CLYTIE.
CLYTIE.

LE Soleil vous juroit une ardeur éternelle,
Je cesse desormais de troubler vos desirs.

Pour rappeller un Infidelle,
Devons-nous perdre des soûpirs?
C'est nous couvrir d'une honte nouvelle,
Et du Volage encor redoubler les plaisirs.

LEUCOTOE'.

Non, je ne sçavois pas qu'il portât vôtre chaîne,
Lorsque j'écoutay ses discours:
Mon bonheur cesse enfin d'être mêlé de peine,
Puisqu'il ne trouble plus le repos de vos jours.

CLYTIE.

L'Amante dans mon cœur a fait place à la Reine:
Ce cœur est occupé de plus nobles projets.

LEUCOTOE'.

Les Dieux m'ont exaucée, ils calment vôtre haine.

CLYTIE.

Songez aux serments que m'a faits
Un Amant parjure & volage:
Puissiez-vous n'éprouver jamais
La honte d'un pareil outrage!
Il m'aimoit, il se dégage,
Il pourra s'enflâmer pour de nouveaux attraits.

LEUCOTOE'.

LEUCOTOE'.

Qu'entens-je ? Il changeroit ! un si cruel présage
Fait naître dans mon cœur mille troubles secrets.

CLYTIE.

Allez m'attendre au Temple, où par un sacrifice
De nos cœurs réünis, nous rendrons grace aux Dieux;
Nous couvrirons l'Autel de parfums précieux;
Jurons-nous une paix qui jamais ne finisse.

LEUCOTOE' sort.

Rivale que je haïs, tu cours à ton supplice.

✻✻✻✻✻✻✻✻✻✻✻✻✻✻✻✻✻✻✻✻✻✻✻✻✻✻✻✻✻✻✻✻✻✻✻

SCENE VI.
CLYTIE.

O Vangeance, ô plaisir dont les Dieux sont jaloux,
En depit de ces Dieux je vais goûter vos charmes:
Ma Rivale se livre à mon juste couroux,
N'attendons pas, pour lui porter mes coups,
Que le Ciel lui prête des armes.

O vangeance, &c.

Quoi, j'immole ma sœur ! Helas ! un nom si doux,
Malgré moi fait couler mes larmes:
La Nature en mon cœur excite trop d'allarmes;
Non, non, lâche Pitié, vains Remords, taisez-vous.

O vangeance, &c.

B

Soleil, que fais-tu dans les Cieux ?
Tu vas pâlir en voyant ton Amante.
Ah ! que sa mort, et ta rage impuissante
Sont un doux spectacle a mes yeux !
Il descend : J'apperçois la clarté renaissante :
Fuyons, allons remplir nos projets furieux.

SCENE VII.

LE SOLEIL, LES HEURES,

Chœur de Babiloniens, Chœur de Divinitez Celestes.

CHOEUR DES DIEUX.

Triomphez, regnez, Dieu du jour,
Augmentez la celeste Cour
D'une Divinité nouvelle :
Répandez, répandez vôtre gloire immortelle
Sur l'Objet de vôtre amour.

LE SOLEIL.

Peuples de ces climats, célebrez ma conquête :
Dressez-lui les premiers Autels ;
Plaisirs, Amours, à cette Fête
Interessez les Dieux & les Mortels.

CHOEUR DES BABILONIENS.

Triomphez, &c.

On danse.

LE SOLEIL.

Leucotoé devoit icy m'attendre ;
Qui peut la ravir à mes yeux ?
Cessez vos chants, je ne puis les entendre :
O Ciel ! en quel état me la rendent les Dieux !

LEUCOTOE' arrive, soûtenuë par deux Confidentes.

****

SCENE VIII.

LE SOLEIL, LEUCOTOE, CHOEURS.

LE SOLEIL.

V Ous pleurez.....

LEUCOTOE'.

Je vous vois, & ma crainte est bannie :
Mais puis-je m'empêcher de pleurer le malheur
D'une trop chere Ennemie ?
Ne pouvant traverser, ni souffrir mon bonheur,
La fiere et jalouse Clytie,
De désespoir, et de remords saisie,
D'un fer qu'elle tenoit pour me percer le cœur,
Au pié de nos Autels s'est arraché la vie.

LE SOLEIL.

O fatal désespoir !

LEUCOTOE'.

Trop déplorable Sœur,
D'un regret éternel ta mort sera suivie.

B ij

LE SOLEIL.

Ne vous occupez plus que de mon tendre amour.
Les Dieux ont approuvé le nœud qui nous engage.
Je chéris cent fois plus le céleste séjour,
Dès qu'avec vous je le partage :
Les Dieux attendent mon retour,
Prenez place en mon Char, sans tarder davantage.

Lieux marquez de ses pas, éclairez de ses yeux,
Témoins de nos ardeurs, conservez-en le gage ;
Enfantez désormais des parfums précieux :
Mortels, que cet encens s'éleve jusqu'aux Cieux,
Vous les désarmerez par ce nouvel hommage,
Et vous obtiendrez tout des Dieux.

Les arbres qui produisent l'encens, naissent & remplissent la Scene, tandis que LE SOLEIL,
& LEUCOTOE' montent au Ciel.

CHOEURS.

Triomphez, regnez, Dieu du jour,
Augmentez la céleste Cour
D'une Divinité nouvelle :
Répandez, répandez votre gloire immortelle
Sur l'Objet de votre amour.

F I N.

LE TOUCHER.

SUJET.

PROTESILAS, Roy de Megare, fût le premier, des Grecs qui perit au Siege de Troye. LAODAMIE son Epouse ne trouvoit de consolation qu'au pié de la Statuë de ce Heros : Elle ne cessoit de l'embrasser, comme si ses caresses eussent pû l'animer. Les Dieux recompenserent sa vertu au-de-là de toute espérance, & PROSERPINE ramena des Enfers, un Epoux si regreté.

On a preferé cet Evenement à quelques autres qui auroient pû se rapporter au Sens dont il s'agit : tels que MIDAS convertissant en Or ce qu'il touchoit : ANTE'E qui reprenoit ses forces en touchant la terre : Les Filles d'ANIUS qui changeoient en bled & en vin, tout ce qui passoit par leurs mains : Mais il falloit donner à ce Sens, un plaisir plus delicat. Et pour concilier l'amour & la bien-seance, on a mis sur la Scene des Personnages animez d'une ardeur légitime.

Hygin. Fab. 103. *Ovid. L.* 12 *Fab.* 1. Et Epître Heroïque de Laodamie à Protesilas.

A2.

ACTEURS CHANTANTS.

LAODAMIE,   Mlle. Julie.
PROTESILAS, *Roi de Megare,* M^r. Berard.
DIOMEDE,   Mr. Le Page.
PROSERPINE,   Mlle.Monville.
PRESTRESSES *de* PROSERPINE.
UNE GRECQUE. }
UNE OMBRE.   } Mlle. Eeremans.
OMBRES *d'Amants & d'Amantes.*

ACTEURS DANSANTS.

PRESTRESSES DE PROSERPINE;

Mademoiselle Mariette.

Mesdemoiselles Malter , S. Germain , Durocher ,
Erny , Thiery , Fremicourt.

OMBRES HEUREUSES;

Monsieur D-Dumoulin ;
Messieurs Javillier - 2., Javillier - 3., Dumay,
La Croix.

Mesdemoiselles Malter , Saint-Germain , Durocher ;
Erny , Thiery , Fremicourt.

LE TOUCHER.

Le Théatre représente le Temple de PROSERPINE,
au milieu duquel est la Statuë de PROTESILAS.
LAODAMIE est aux pieds de la Statuë.

SCENE PREMIERE.

LAODAMIE, CHOEUR de Grecques
& de Prêtresses de PROSERPINE.

UNE PRESTRESSE.

*D*igne Fille de Cérès,
Reçoy les vœux d'un cœur tendre ;
Que l'Objet de nos regrets
Puisse aujourd'hui les entendre.

CHOEUR.

Digne, &c.

LA PRESTRESSE.

Au nom des droits des Amans,
Ouvre ton cœur à nos plaintes ;
Au nom de tes traits charmans,
Dont Pluton sent les atteintes.

A z ij

LE TOUCHER,

CHOEUR.

Digne Fille de Cérés,
Reçoy les vœux d'un cœur tendre ;
Que l'Objet de nos regrets
Puiſſe aujourd'hui les entendre.

LA PRESTRESSE.

Tes Sujets ont quelquefois
Repaſſé l'Onde infernale ,
Pluton révoquant ſes loix
Rendit un fils à Tantale :
Rend-nous le plus grand des Rois ,
Malgré la Parque fatale.

CHOEUR.

Digne , &c.

LAODAMIE.

Illuſtre & cher Epoux , non non , la Mort cruelle
Ne ſçauroit ſéparer nos cœurs :

Tu reſpires encore dans ce Marbre fidele ,
Qui trompe & nourrit mes douleurs.

Je le Touche , l'embraſſe , & crois que j'y rapelle
*La vie & nos chaſtes ardeurs : ***

Illuſtre & cher Epoux , non , non , la Mort cruelle
Ne ſçauroit ſéparer nos cœurs.

* Quæ referat vultus eſt mihi cera tuos :
Illi blanditias , illi tibi debita verba
Dicimus , amplexus accipit illa meos.
Hanc ſpecto , teneoque ſinu pro conjuge vero
Et quaſi poſſit reddere verba queror....

Ovid. Ep. Herie.

Vous

Vous , fidelles Sujets, honorez ce que j'aime ,
Posez ici ce fer , ces dards , ce Diadême ;
Seuls restes d'un Roi si fameux :
Ce Trophée est l'Autel qui recevra mes vœux.

Les Prêtresses se retirent au fond du Temple.

SCENE II.

LAODAMIE, DIOMEDE.

DIOMEDE.

BElle Reine , il est tems que votre douleur céde
Aux soins de vos Etats, aux vœux de vos Sujets :
Le desespoir qui vous possede
Ne doit pas dans les pleurs , éteindre tant d'attraits.

LAODAMIE.

Quel Epoux , quel Amant plus digne de regrets !
Eh ! qui sçait mieux que Diomede
Si de si justes pleurs doivent tarir jamais.

DIOMEDE,

Nos cris ne percent pas jusqu'au sombre rivage ;

Ne perdez plus de précieux soûpirs ,
Profitez mieux des beaux jours de votre âge,
Le Ciel veut desormais en faire un autre usage :
Les ravir aux douleurs & les rendre aux plaisirs.

LAODAMIE.

Voilà de mes plaisirs & l'objet & le gage :
Dans ces embrassemens je goûte mille appas ,
Vous voyez dans ces traits sa fierté, son courage ;
Sa flâme dans ses yeux , ne brille-t-elle pas ?
Il semble de mon cœur entendre le langage ,
Il semble qu'il me tend les bras.

DIOMEDE.

Vous rapeller vos maux , c'est les aigrir encore.

LAODAMIE.

Non , non , parlons toûjours du Héros que j'adore.
Votre main luy ferma les yeux ;
Dans ses derniers momens , parloit-t'il de nos feux ?
Mon nom est-t'il sorti de sa bouche expirante ?
Helas ! il sçavoit trop dans quel abîme affreux
Sa perte alloit plonger sa malheureuse Amante.

DIOMEDE, à part.

O Ciel ! que ces transports redoublent mes tourmens !

LAODAMIE.

Nos cœurs étoient unis dès nos plus jeunes ans ,
Et le Destin cruel pour jamais les separe :
Helas ! par un bonheur aux Souverains si rare ,
L'Hymen avoit en nous couronné deux Amans.

DIOMEDE.

De ses vertus , de sa constance
Protesilas reçut la récompense ;
Mais étoit-il le seul sensible à vos appas ?
D'autres avoient des yeux & soupiroient tout bas :
Votre choix m'imposa silence.,

Pour combattre mes feux , j'eus recours à l'absence :
J'allai chercher la gloire & les combats.
Le bonheur d'un Epoux m'ôtoit toute espérance ,
Elle renaît par son trépas.
A vos genoux j'ai rapporté ses armes ;
Il m'imposa luy-même un devoir si fatal ,
Ma flâme est rallumée en revoyant vos charmes ;
Mon ami n'est plus mon Rival.

LAODAMIE.

Qu'entens-je ? quel discours ! ô Ciel ! le puis-je croire !
Respectez-vous si peu ma douleur & ma gloire ?

DIOMEDE.

Vos reproches sont superflus ,
Mon triste cœur les avoit prévenus ;
Accablé de douleurs , craignant de vous déplaire ,
Brûlant de m'expliquer , résolu de me taire ,

B ij

J'étois encor prest à partir,
Vains projets! Un moment a sçû les démentir.
Envain cet aveu vous offense,
Non, il n'est plus en ma puissance,
Ny d'éteindre mes feux, ni de m'en repentir.

LAODAMIE.

Fuyez, ne cherchez point à mériter ma haine.

DIOMEDE.

Un Rival, qui n'est plus, traverse encor mes vœux;
Et je ne puis briser une fatale chaîne.
Ah! terminons des jours trop malheureux.
Applaudissez-vous, Inhumaine,
Je vais chercher loin de vos yeux
La mort, le seul remede à mes tourmens affreux.

SCENE III.
LAODAMIE.

Quoi ! d'un frivole amour le sort le désespere !
Son cœur ne peut survivre à des mépris ;
La perte que j'ai faite est bien d'un autre prix ;
Malheureuse ! & je puis voir encor la lumiere !

Quelle soudaine horreur vient fraper mes esprits !
Si ces traits impuissans, cette image insensible,
Par un charme secret suspendoient mes douleurs ;
Quels seront nos plaisirs dans le séjour paisible,
Quand nous pourrons méler nos soûpirs & nos pleurs !

Quel bruit soudain ! quel frayeur nouvelle !
La terre tremble sous mes pas.

La Statuë se brise & s'abîme.

O Dieux ! ce Monument d'une flâme si belle,
Devoit-il de la foudre, attirer les éclats ?
J'ai tout perdu, je languis, je chancelle ;
Le jour fuit, j'entrevois les routes du trépas.

Elle tombe évanoüïe.

SCENE IV.

PROSERPINE, PROTESILAS, LAODAMIE.

PROSERPINE, à PROTESILAS.

O Uvre les yeux à la clarté celeste,
Triomphe de la mort, c'est le prix de tes feux ;
Pour Admete autrefois j'ai fait revivre Alceste,
Tendre Epoux, je te rends à l'Objet de tes vœux.

PROTESILAS, à LAODAMIE.

Enfin je vous revois, Amante trop fidele.

LAODAMIE.

Qu'entens-je ? Quelle voix m'appelle ?
L'ombre de mon Epoux.....

PROTESILAS.

Non, je revois le jour,
Et ce bien m'est cent fois moins cher que ton amour.

LAODAMIE.

Quel prodige ! Qui l'eut pu croire ?

PROTESILAS.

Voi la divine main qui nous réjoint tous deux.

PROSERPINE.

Que le fidele Amour en ait toute la gloire,
Il se sert de ma main pour rallumer vos feux.

PROTESILAS, ET LAODAMIE.

Triomphe, tendre Amour, tout céde à ta puissance,
La Parque t'obéit, tu domptes ses rigueurs ;
Quels torrens de plaisirs tu verses dans nos cœurs,
Plaisirs que n'avoit pas prévenu l'espérance.

PROSERPINE.

Vôtre bonheur vous est rendu ;
Aux feux constans il n'est rien d'impossible :
Le plaisir qu'on retrouve est cent fois plus sensible,
Que le plaisir qu'on n'a jamais perdu.

Vous, qui de vos ardeurs conservez la mémoire,
Habitans fortunez de ma paisible Cour,
Venez Ombres, venez, rendre hommage à l'Amour,
Je fais briller ici mon pouvoir & sa gloire.

LES OMBRES HEUREUSES.

L'Amour répand sur vous ses plus cheres faveurs,
Tendres Epoux, que votre chaîne est belle !
Puissiez-vous aux transports des naissantes ardeurs,
Unir comme nous, les douceurs
D'une paix éternelle !

UNE OMBRE.

Dans le paisible séjour
Réservé pour l'innocence,
Regne le tranquille Amour,
Affranchi de l'inconstance :

Entre d'immortelles fleurs,
Le Léthé coule sans cesse ;
Nous oublions nos malheurs,
Et jamais nôtre tendresse.

Le Soleil de ses rayons
Jamais ne nous environne,
Nous ne goûtons plus les dons
De Cérés & de Pomone :

Mais les doux Embrassemens
Des Ombres qu'Amour enchaîne,
Les dédommagent sans peine
Des plaisirs des autres Sens.

CHOEUR.

L'Amour répand sur vous ses plus cheres faveurs,
Tendres Epoux, que vôtre chaîne est belle !
Puissiez-vous aux transports des naissantes ardeurs,
Unir comme nous, les douceurs
D'une paix éternelle !

FIN.

LA VUE.

S U J E T.

C'EST une fiction hazardée, mais cependant fondée fur la Nature, à l'exemple de celles d'OVIDE. Les couleurs font l'objet & le plaifir de la Vue. IRIS eft caractérifée par elles, et cette Déeffe favorite de Junon, offre à la Terre le plus riant fpectacle. L'AMOUR en ouvrant les yeux, donne fes premiers regards à IRIS: elle écarte les nuages que lui oppofe AQUILON, ce qui caractérife fon averfion pour lui. L'AMOUR, & IRIS femblent faits pour donner les beaux jours au monde.

A 3

ACTEURS CHANTANTS.

L'AMOUR,   Mlle. Lemaure.

ZEPHIRE,   Mlle. Fel.

IRIS,   Mlle. Eeremans.

AQUILON,   M^r. Albert.

BERGERS ET BERGERES.

ACTEURS DANSANTS.

BERGERS ET BERGERES;

Mademoiselle Dallemand-L. ;

Messieurs Bontems, Thessier, Hamoche, Malter-L. ;

Mesdemoiselles Courcelle, le Duc, Malter, Erny.

LA VUE.

Le Théâtre repréſente une vaſte Campagne, bornée
par des Côteaux fleuris.

SCENE PREMIERE.

L'AMOUR, ZEPHIRE.

L'AMOUR.

Es yeux qu'un voile épais a ſi long-tems
couverts,
S'ouvrent enfin à la lumiere.
Cher Zephire, je crois voir naître l'Univers;
Je crois que le Soleil qui colore les airs,
Commence pour moi ſa carriere.

ZEPHIRE.

Songe à quel prix les Dieux t'accordent ces bien-faits.

Amour, quand ta main téméraire
Fait voler au hazard tes flâmes & tes traits,
Ton bandeau ſert d'excuſe aux maux que tu peux faire:
L'excuſe ceſſe déſormais,
C'eſt pour le bien des cœurs que le Deſtin t'éclaire

A ij

L'AMOUR.

Si je dois m'occuper à faire leur bonheur,
Je veux en essayer le secret sur moi-même :
Et je sens déja que mon cœur
A trouvé ce qu'il faut que j'aime.

ZEPHIRE.

Ce n'est pas Flore au moins, qui te tient sous sa loi.

L'Amour est un rival qui cause trop d'effroi,
Pour ce maître des cœurs il n'est point de cruelle.
Le Destin m'a donné des aîles comme à toi,
Nous possédons tous deux la jeunesse immortelle ;
Tu cesses d'être aveugle, on te prendra pour moi,
Flore s'y tromperoit sans paroître infidelle.

L'AMOUR.

Je ne troublerai point tes feux.

C'est entre la terre & les Cieux,
Que brille l'Objet qui m'enchante.
Son trône est un arc radieux ;
Et toutes les couleurs qui séduisent les yeux
Forment sa parure éclatante :
C'est sur son front serein qu'on voit regner les jeux.
Sa présence toûjours chérie & bien-faisante
Dissipe en un moment les orages affreux ;
C'est Iris, de Junon l'aimable confidente.

ZEPHIRE.

Amour, tu t'es blessé du plus beau de tes dards ;
Rien n'égale l'Objet à qui ton cœur s'arrête :
Et ce choix nous apprend que c'est par les regards,
Que doit toujours commencer la conqueste.

Mais, sçais-tu qu'Aquilon lui porte ses soupirs ?
Aquilon l'ennemi de Zephire & de Flore,
Qui ravage les dons que nos feux font éclore,
Et qui trouble le monde, en troublant nos plaisirs.
Que je serai content, s'il perd toute espérance !

L'AMOUR.

Va, je n'oublirai rien pour hâter ta vangeance.

ZEPHIRE.

Puissai-je à mon retour voir combler tes desirs !
Je pars, je vais à Flore en faire confidence.

SCENE II.
L'AMOUR.

ENchantez mes regards, Objets délicieux,
    Vous me dédommagez du séjour du Tonnerre.
Brillez, naissantes Fleurs, vous êtes à la terre
    Ce que les Astres sont aux cieux.

    Coulez Ruisseaux, amants de la verdure,
Chantez Oyseaux, chantez peuple toujours heureux,
C'est vous dont je reçois l'offrande la plus pure,
    Le plaisir n'éteint point vos feux.
    Passez dans mon cœur amoureux
Charmes, que je répands sur toute la nature.

Mais, qui peut du Soleil obscurcir les rayons ?
Quels déluges sont prêts d'innonder ces vallons ?
Hélas ! je languirai dans une longue attente.
Iris ne viendra point, l'orage l'épouvante....

Elle paroît. Mes Yeux, contemplez tant d'appas :
Momens de m'expliquer ah ! ne differez pas.

SCENE III.

IRIS, SUR L'ARC-EN-CIEL, L'AMOUR.

IRIS.

VEnts furieux, cessez votre guerre funeste,
  Qu'un calme heureux regne dans l'Univers,
Que mes douces splendeurs éteignent les éclairs.
Torrens qui descendez de la voute celeste,
Arrêtez, demeurez suspendus dans les airs.

Vous, Ormeaux, relevez vos languissans feüillages;
Oyseaux intimidez à l'aspect des orages,
    Volez, reprenez vos concerts,
    J'aime à recevoir vos hommages.

L'AMOUR.

Triomphez, belle Iris, tout ressent vos attraits,
    Et vos regards sont des bien-faits.

    Vos couleurs font pâlir l'Aurore,
Le Soleil éblouit, votre éclat est plus doux :
Si la terre applaudit à la beauté de Flore,
L'Air, la Terre, et les Cieux, tout s'embellit par vous.

IRIS, prenant l'Amour pour Zephire.

    Vous servez Flore, elle vous aime,
Zephire, pouvez-vous vanter d'autres appas ?

L'AMOUR.

A ce discours, avouez-le vous-même,
    Vous ne me reconnoissez pas.

IRIS.

Je reconnois Zephire, et peut-on s'y méprendre?

Toujours plus amusant que tendre,
Vous êtes prêt à vous rendre,
Plus prompt à vous dégager:
Je ne me defens pas du plaisir passager
De vous voir & de vous entendre,
Votre inconstance en ôte le danger.

L'AMOUR.

Non, je vous aime, Iris, pour ne jamais changer.

IRIS.

N'aviez-vous pas fait la même promesse
A la Divinité dont vous suiviez les loix?

L'AMOUR.

Non, tout ce que pour vous je ressens de tendresse,
Croyez que je le sens pour la premiere fois.

On n'a jamais brûlé d'une ardeur plus sincere,
J'en atteste les Dieux, et ce jour qui m'éclaire;
Croyez que de l'Amour vous entendez la voix:
Je ne rougirai point aux yeux de Flore même,
De vous jurer que je vous aime,
Et que vos seuls appas ont mérité mon choix.

IRIS.

BALLET DES SENS. 9

I R I S.

Qu'entens-je ? quel trouble il m'inspire !
Où suis-je ? ô Ciel ! je vois & je cherche Zephire.
Quel éclat releve ses traits !
Les accens de sa voix sont plus doux que jamais.

L'AMOUR.

Ah ! connoissez l'Amant soumis à vôtre empire.

I R I S.

Fuyez, Aquilon vient : ô Dieux ! que je le hais !

SCENE IV.

AQUILON, IRIS, L'AMOUR, Crû Zephire.

AQUILON.

AImable Iris, craignez moins ma présence,
Je bannis loin de vous mes suivans orageux,
Je renonce à mes droits, je suspens ma puissance ;
Mais suspendez aussi vos mépris rigoureux,
Flattez d'un rayon d'esperance
L'amour le plus constant, & le plus malheureux.

I R I S.

Je ne puis que vous plaindre ;
D'une inutile ardeur pourquoy vous occuper ?
Je serois plus coupable encor de vous tromper,
Que de vous aider à l'éteindre.

B 3.

AQUILON.

Vous ne m'annoncez donc qu'un éternel malheur :
Et je m'étois flatté d'une esperance vaine.

　　Pourquoy m'envier, Inhumaine,
　　Jusqu'au plaisir de l'erreur ?
Les soupirs, les transports d'une si vive ardeur
　　Ont-ils mérité vôtre haine ?

IRIS.

Nos cœurs ne sont pas faits pour le même lien ;
Vous annoncez toûjours ou suivez le tonnerre,
Entre les Elemens vous excitez la guerre,
Le soin de les calmer fait mon unique bien.

AQUILON.

Nôtre accord causeroit le bonheur de la terre.

IRIS.

Je ne sçai s'il feroit le mien.

AQUILON.

Ah ! je vois les raisons de tant de resistance.
　　Un autre amant est écouté ;
Le volage Zephire obtient la préference
　　Sur ma fidélité.

IRIS.

Qui vous dit que Zephire ait vaincu ma fierté ?

AQUILON.

　　Ses discours que je viens d'entendre,
Plus encor vôtre trouble, & sa tranquilité.

IRIS.

Eh! qui m'obligeroit à feindre?
Quel droit avez-vous de vous plaindre?
De quel espoir vous avois-je flatté?
C'est assez, laissez-moy rendre la paix au monde
Que vous avez épouvanté.
Aux ordres de Junon il faut que je réponde.

AQUILON.

Non, ce n'est point aux Dieux que vous obéissez,
Vous voulez vous soustraire à mes soins empressez.
Mais craignez les fureurs que le dépit m'inspire.
Si je ne puis voler aux celestes Palais,
Si la terre & les airs terminent mon empire,
Ah! du moins icy-bas ne paroissez jamais.
Je vous oposeray le plus sombre nuage,
J'obscurciray l'éclat de vos attraits,
J'armeray les vents & l'orage,
Et Zephire qui m'outrage,
Enseveli, glacé sous mes frimats épais,
Ne triomphera pas des maux que l'on m'a faits.

Il sort.

B 3. ij

SCENE V.
IRIS, L'AMOUR.

IRIS.

AH ! je tremble pour vous.

L'AMOUR.

Ah ! trop aimable crainte !
En faveur de mes feux je l'explique aujourd'huy.
Mais, Aquilon exhale une inutile plainte,
Et l'Amour qu'il menace, est plus puissant que luy.

IRIS.

Quoy ! vous estes l'Amour ! ce Dieu, dont le partage
Est de rendre les cœurs heureux !

L'AMOUR.

Vous deviez le connoître à l'excès de ses feux.

IRIS.

Quoy ! vous êtes l'Amour ! c'est l'Amour qui m'engage,
Et qui m'offre ses premiers vœux !
Mon trouble étoit donc vôtre ouvrage :
Mais, l'Amour n'a-t'il plus un bandeau sur les yeux ?

L'AMOUR.

De la clarté le Ciel me rend l'usage,
C'est vous qui m'en rendez l'usage précieux.

ENSEMBLE.

Ne songeons desormais qu'au bonheur de nous plaire :
Ah ! que nôtre chaîne a d'attraits !
L'immortalité ne m'est chere,
Que pour vous aimer à jamais.

L'AMOUR.

Zephire sçait l'ardeur qui pour vous me dévore,
Il va bien-tôt paroître dans ces lieux :

Je l'entens : sur ses pas, voyez la Cour de Flore ;
Vous avez eloigné l'Aquilon furieux ;
Ces Bergers vont chanter ces jours, ces jours heureux,
Que vous seule faites éclore.

SCENE VI.
IRIS, L'AMOUR, ZEPHIRE,
CHOEUR DE BERGERS.

ZEPHIRE.

JOüissez après l'orage,
De l'éclat d'un si beau jour :
Tout renaît dans ce boccage,
Les plaisirs sont de retour.

LE CHOEUR, *Joüissons,* &c.

ZEPHIRE.

A l'Amour tout rend hommage,
Jamais les tendres Oyseaux
N'ont éveillé les Echos
Par un plus tendre ramage.

LE CHOEUR, *Joüissons,* &c.

ZEPHIRE.

Plus de Bergere volage,
Plus d'ingrats dans ce hameau ;
Sans soin, sans jaloux ombrage,
Dans un fidelle esclavage
Un bonheur toûjours nouveau
Deviendra vôtre partage :

L'Amour même en est le gage,
Il s'offre à vous sans bandeau ;
Pour vos feux quel doux présage !

LE CHOEUR.

Joüissons après l'orage,
De l'éclat d'un si beau jour :
Tout renaît dans ce boccage,
Les plaisirs sont de retour.

ZEPHIRE.

Triomphez, triomphez, Divinité brillante,
Vous enchaînez le Dieu qui soûmet tous les cœurs.
Quelle gloire plus éclatante ?
Le bonheur de l'Amour dépend de vos ardeurs.

CHOEUR, *Triomphez,* &c.

ZEPHIRE, à IRIS.

Par des beautez toûjours nouvelles
Vous charmez les regards surpris :
L'Amour qui vous choisit entre les Immortelles,
Du doux plaisir de Voir, par vous, sent tout le prix.

CHOEUR, *Triomphez,* &c.

ZEPHIRE.

Les Regards sont les premiers traits
Du charmant vainqueur de Cythere :

Ils sont l'ame de nos secrets,
Et le signal de l'amoureux mistere.

Les regards sont les premiers traits
Du charmant vainqueur de Cythere.

Trop heureux qui voit ses progrès
Dans les yeux de sa Bergere !
Quel oracle aux amants parfaits
Plus doux, plus flateur, plus sincere !

Les Regards sont les premiers traits
Du charmant vainqueur de Cythere.

On danse.

ZEPHIRE.

Cette fleur qui fut l'amante
De l'Astre qui regle les jours,
S'ouvre à sa clarté naissante,
Et vers lui se tourne toujours.
Le matin épanouie,
Elle se ferme le soir.
Elle trouve une autre vie
Dans le plaisir de le voir.

CHOEUR.

Triomphez, triomphez, Divinité brillante,
Vous enchaînez le Dieu qui soûmet tous les cœurs,
Quelle gloire plus éclatante !
Le bonheur de l'Amour dépend de vos ardeurs.

FIN.

www.ingramcontent.com/pod-product-compliance
Lightning Source LLC
LaVergne TN
LVHW012017180726
843502LV00005B/1755